# BEI GRIN MACHT SICH IHR WISSEN BEZAHLT

AF153892

- Wir veröffentlichen Ihre Hausarbeit, Bachelor- und Masterarbeit

- Ihr eigenes eBook und Buch - weltweit in allen wichtigen Shops

- Verdienen Sie an jedem Verkauf

## Jetzt bei www.GRIN.com hochladen und kostenlos publizieren

# Anerkennung versus Toleranz. Eine kritische Betrachtung der gängigen Gleichstellungspolitik

Philipp Sawitzki

**Bibliografische Information der Deutschen Nationalbibliothek:**

Die Deutsche Nationalbibliothek verzeichnet diese Publikation in der Deutschen Nationalbibliografie; detaillierte bibliografische Daten sind im Internet über http://dnb.d-nb.de abrufbar.

ISBN: 9783346578600
Dieses Buch ist auch als E-Book erhältlich.

Druck und Bindung: Books on Demand GmbH, Norderstedt Germany
Gedruckt auf säurefreiem Papier aus verantwortungsvollen Quellen

Das vorliegende Werk wurde sorgfältig erarbeitet. Dennoch übernehmen Autoren und Verlag für die Richtigkeit von Angaben, Hinweisen, Links und Ratschlägen sowie eventuelle Druckfehler keine Haftung.

Das Buch bei GRIN: https://www.grin.com/document/1168173

Philipps-Universität Marburg
Fachbereich 03: Gesellschaftswissenschaften und Philosophie

# Anerkennung versus Toleranz
Eine kritische Betrachtung der gängigen Gleichstellungspolitik

**Autor:** Philipp Sawitzki

**Note:** 14 Punkte (1,0)

# Inhaltsverzeichnis

# 1. Einleitung

Ist das Konzept der Toleranz in der demokratischen Politik des 21. Jahrhunderts der geeignete Weg, um Gleichberechtigung in vollstem Maße durchzusetzen? Oder ist es doch das Konzept der Anerkennung, welches für bedingungslose Gleichberechtigung steht?

Im Folgenden möchte ich diesen Fragen nachgehen. Um zu einer adäquaten Antwort kommen zu können, müssen zunächst die berühmtesten Anerkennungstheorien der Philosophiegeschichte genauer beleuchtet werden und die zugrundeliegenden Konzepte in den Kosmos der Frage nach Toleranz eingeordnet werden. Starten möchte ich mit der Theorie von Johann Gottlieb Fichte, welcher einen ersten Entwurf der Anerkennungstheorien bietet. Fichtes Konzept entstand als Rechtsphilosophische Politiktheorie und wurde von Georg Wilhelm Friedrich Hegel weitergeführt.

Hegels Theorie klammert den rechtsphilosophischen Rahmen zwar nicht aus, fokussiert sich aber auf die Geistesebene der intersubjektiven Beziehungen, aus welchen er seine Theorie der Anerkennung formuliert. Diese handelt primär von der Notwendigkeit der gegenseitigen Anerkennung zur Ausbildung einer vollendeten Identität.

Lange Zeit war es still um die Anerkennungstheorie, bis Jürgen Habermas die Notwendigkeit sah, ebendiese Theorie wieder aufzugreifen und in Teilen weiterzuentwickeln. Es geht Habermas vornehmlich darum, die Schlüsse, welche Marx und Kant aus den Theorien Hegels geschlossen haben, zu kritisieren und auf Basis dieser Kritik eine eigene Anerkennungslehre zu entwickeln. Er bettet sein Konzept in die von ihm entwickelte Diskursethik ein und macht die Anerkennung somit zum Bestandteil seines Gesamtwerkes.

Axel Honneth, welcher ein Schüler Habermas war, ist der aktuellste Vertreter der Anerkennungstheorie. Er versucht die vorangegangenen Lehren gebündelt weiterzuentwickeln und geht dabei so weit zu sagen, dass die adäquate Anerkennung anderer Menschen unabdingbar für die persönliche Entwicklung ist.

Anschließend an die Ausführungen der Anerkennungstheorien, möchte ich mich mit dem Problem der Toleranz beschäftigen. Zunächst möchte ich die Problematik der Begrifflichkeit klären und anschließend die Historie des Toleranzbegriffes genauer beschreiben, sodass die Frage beantwortet werden kann, ob eine Umwälzung des Begriffs der Toleranz hin zu einem Konzept der Anerkennung notwendig ist.

Schließen möchte ich meine Ausführungen mit einem Exkurs in die Frage der Meinungsfreiheit und ihre rechtliche Grundlage.

## 2. Die Theorien der Anerkennung

Was ist Anerkennung? Welche Faktoren müssen beachtet und vollzogen werden, um anderen Menschen das richtige Maß an Respekt und Anerkennung zukommen zu lassen? Dies sind Fragen, welche besonders in der Zeit des deutschen Idealismus zu einer Theoriebildung geführt haben, welche auch in der heutigen Zeit große Wichtigkeit aufweist. Die deutschen Philosophen Johann Gottlieb Fichte und Georg Wilhelm Friedrich Hegel gelten als Begründer der Anerkennungstheorie. Im Verlauf der Zeit griff Jürgen Habermas die Anerkennungstheorie Hegels wieder auf und entwickelte sie weiter. Habermas erkannte die Aktualität des Themas und versuchte in Anschluss an Hegel und Fichte eine moralische Gesellschaftstheorie weiterzuentwickeln, welche sich insbesondere mit zwischenmenschlichen Beziehungen und der daraus resultierenden wahren Intersubjektivität beschäftigt. Auf Basis der Theorien von Habermas trat Axel Honneth in den Fokus der Anerkennungstheorie und machte dieses Thema zum Mittelpunkt seines Schaffens. Die Anerkennungstheorie und ihre Herkunft sind in der heutigen gesellschaftlichen Forschung von hoher Relevanz und sie ist ein wichtiger Bestandteil der politischen Philosophie, der Sozialphilosophie und der Moralphilosophie.

Im Folgenden möchte ich die Theorien der genannten Philosoph*innen beschreiben, erklären und vergleichen.

### 2.1. Johann Gottlieb Fichte

Fichtes Erklärung des Anerkennungsbegriffs ist primär in den politikphilosophischen Rahmen einzuordnen. Die Theorie besagt, dass Anerkennung gleich Recht ist. Diese liegen allerdings nicht im Individuum selbst, oder werden sich von ebendiesem selbst gegeben. Die Rechte, welche Anerkennung beinhalten, werden dem Menschen von anderen Menschen verliehen. Daraus lässt sich folgern, dass für Fichtes Theorie eine Staatsgewalt gegeben sein muss, welche den Bürger*innen bestimmte Rechte verleiht und diese auch sichert. Doch nicht nur die von der Staatsgewalt gegebenen Rechte sind relevant. Auch die Rechte, welche sich Individualpersonen gegenseitig zusprechen, sind ausschlaggebend für die richtige Anerkennung, welche einem Menschen zuteil werden sollte. Der Status als anerkanntes Individuum, ist also davon abhängig, wie ihm andere Personen begegnen, wie sie ihn behandeln und welche Rechte zugesprochen werden.[1] Das Zusprechen von Rechten an die gegenüberliegende Person, zieht auch immer nach sich, dass man seine eigene Handlungsfreiheit beschränkt, sodass die Handlungsfreiheit des Gegenübers gewährleistet ist.

> *„Damit ist der Gegenstand des Rechtsbegriffs gewonnen: „eine Gemeinschaft zwischen freien Wesen als solchen". Deren Verhältnis untereinander ist dann ein Rechtsverhältnis, wenn sich die Gemeinschaftsmitglieder als freie Wesen wechselseitig anerkennen und sich ein Recht auf gleiche Handlungsfreiheit zugestehen. Entsprechend lautet die Rechtsregel: ,Beschränke deine Freiheit durch den Begriff von der Freiheit aller übrigen Personen, mit denen du in Verbindung kommst' (I 3, 320), oder in einer anderen Formulierung: ,ich muss das freie Wesen ausser mir in allen Fällen anerkennen als ein solches, d. h. meine Freiheit durch den Begriff der Möglichkeit seiner Freiheit beschränken'. "[2]*

Die Theorien Fichtes sind deutlich weitreichender als dieser kurze Umriss seiner Anerkennungstheorie, jedoch sind die anderen Aspekte seines Schaffens für die gestellte Frage dieser Arbeit von keiner Relevanz.

Kann auf Basis von Johann Gottlieb Fichtes Definition der Anerkennung belegt werden, dass Toleranz und Duldung eine vertretbare Praxis im Umgang mit Menschen, welche einer Minderheit angehören, sind? Meiner Ansicht nach, ist die Meinung Fichtes ein Hinweis darauf, dass Toleranz und Duldung keine Form von gegenseitigem Respekt sind. Wie bereits erwähnt, müssen sich Menschen gegenseitig Rechte zusprechen und der Respekt und die Anerkennung zwischen Individualpersonen kann nur durch das richtige Verhalten gegeneinander gewährleistet sein. Verhält es sich jedoch so, dass der Mensch, welcher einer Minderheit angehört, den Mensch, welcher einer Mehrheit angehört, Rechte zusprechen muss, ihn respektvoll behandeln muss, seine Kultur und Denkweise zu respektieren hat und ihm somit die nötige Anerkennung entgegenbringt, so ist es unabdingbar, dass es andersherum genauso ist. Verhält es sich jedoch so, dass der Mensch, welcher einer Mehrheit angehört, die Kultur, die Denkweise und die Handlungen der Person, welche einer Minderheit angehört, nicht in vollstem Maße respektiert, sondern sie nur duldet, sich aber eigentlich wünscht, dass die Person der Minderheit, entweder die eigene Kultur ablegt und die andere annimmt oder sich in den eigenen Kulturbereich

---

[1] Vgl. Bernstein, 2009, S. 53

[2] Kersting, 2016, S. 23

zurückbegibt, so ist das Verhältnis der beiden Personen sehr unterschiedlich. Es kann also nicht von gegenseitiger Anerkennung gesprochen werden.

## 2.2. Georg Wilhelm Friedrich Hegel

Auch in der Anerkennungstheorie Hegels ist die unabdingbare Voraussetzung für Anerkennung die Wechselseitigkeit zwischen selbstbewussten Individuen. Hegel geht so weit zu sagen, dass das eigene Selbstverständnis und der damit verbundene Wert, welchen man sich selbst zuschreibt, abhängig ist von dem Wert, welchen man anderen Menschen zuschreibt. Die intersubjektiven Beziehungen sind also für die Charakterausbildung und die damit verbundene Freiheit, welche jedem Menschen zuteil werden sollte, unabdingbar. Um Hegels Anerkennungstheorie genauer nachvollziehen zu können, muss zunächst der Begriff des Selbstbewusstseins in Hegels Lehre genauer beschrieben und erklärt werden.

Der Mensch kann allgemeines Selbstbewusstsein nur in Verbindung mit anderen Menschen erreichen. Doch was bedeutet das allgemeine Selbstbewusstsein genau? Um diese Frage zu klären, muss der Weg vom Bewusstsein zum abstrakten allgemeinen Selbstbewusstsein nachgezeichnet und erklärt werden. Das Bewusstsein wird in der Lehre Hegels als wichtiger Teil einer Subjekt-Objekt Beziehung verdeutlicht. Das heißt, dass der Mensch Bewusstsein hat, indem er Dinge, welche er zu erkennen versucht, klar von sich selbst trennt. Das bedeutet, dass der Mensch Dinge, welche wahrgenommen werden, nicht nur wahrnimmt, sondern auch versteht, dass die zugeschriebenen Eigenschaften und das Verständnis des Dinges nur aus dem Menschen selbst kommen. Daraus folgt ein weiterer wichtiger Schritt vom Bewusstsein zum Selbstbewusstsein. Das Wissen ist ein unabdingbarer Faktor beim richtigen Wahrnehmen von Dingen der Welt. Ohne Wissen und ohne Bewusstsein nimmt der Mensch Dinge wahr und hält die Eigenschaften, welche er ihnen aus sich selbst heraus zuschreibt, für die Wahrheit. Entwickelt er Bewusstsein, so wird ihm klar, dass es einen Unterschied zwischen den wahren Eigenschaften und den von ihm selbst zugeschriebenen Eigenschaften geben kann. Durch das Aneignen von Wissen von außerhalb, kann er dieses erlangte Wissen den Dingen, welche er wahrnimmt, zuschreiben und wird somit zur richtigen Wahrheit über das Ding, welches wahrgenommen wird, kommen[3]. Beim Versuch das eigene Selbst auf diese Weise wahrzunehmen, stößt das Individuum jedoch auf das Problem, dass es alles Wissen über sich selbst, nur von sich selbst hat und es somit in erster Linie nicht möglich ist, allgemeingültiges und weltliches Wissen von sich selbst zu haben. Erst durch das Einfügen in eine Gesellschaft mit

---

[3] Vgl. Honneth, 1959, S. 17

intersubjektiven Beziehungen, kann sich der Mensch weltliches Wissen über das eigene Selbst aneignen und wahres Selbstbewusstsein ausbilden. So geht es selbstverständlich allen Menschen und dementsprechend kann wahres Selbstbewusstsein nur durch Beziehungen zwischen den Individuen entstehen[4].

Ein weiterer wichtiger Bestandteil der Analyse des Selbstbewusstseins bei Hegel, ist die „Hegelsche Dialektik von Herr und Knecht"[5]. Die dreiteilige Erklärung des Verhältnisses zwischen Herrscher und Knecht ist unabdingbar für das Verständnis der Hegelschen Selbstbewusstseinsbildung. Der erste Teil der Erklärung handelt davon, dass der Knecht als Mittel des Herrn zu sehen ist. Der Herrscher erfüllt seine Zwecke durch die Arbeitskraft des Knechtes. Dadurch, dass der Herr auf diese Arbeitskraft angewiesen ist, ist er in der Pflicht, für das Wohlergehen des Knechtes zu sorgen. Außerdem ist es erst der Knecht, welcher sich vom Herrscher verdinglichen lässt, der den Herrscher zum Herrschenden macht. Er bringt ihm also die Anerkennung als Herrscher entgegen. Beide stehen somit in einem untrennbaren Verhältnis, welches nach sich zieht, dass der Knecht weniger Mensch als Nutzgegenstand ist. Dieser erste Teil beschreibt das Verhältnis aus der Sicht des Herrschers. Darauf basierend, folgt der zweite Teil der Erklärung, welcher sich eher auf die Sicht des Knechtes bezieht. Dieser sieht sich selbstverständlich nicht in erster Linie als Nutzgegenstand, sondern als Mensch. Macht sich der Knecht diesen Umstand gewahr, so treten Herr und Knecht auseinander und fungieren nicht mehr als Einheit. Die Zweiheit ist ausschlaggebend dafür, dass der Knecht seine Menschlichkeit einfordert und sich beide, getrennt voneinander, als Menschen begegnen. Das Gefälle zwischen den beiden ist dennoch weiterhin gegeben und sie sind nicht gleichgestellt. Im dritten Schritt muss sich der Knecht bewusst machen, dass der Herrscher nur durch seine eigene Anerkennung zum Herrscher wird. Macht er sich das bewusst, dann kann er sich aus der Knechtschaft befreien und beide begegnen einander als vollwertige Menschen.[6]

Aus der Beschreibung der Ausbildung von Selbstbewusstsein, lässt sich also, wie bei Fichte, schließen, dass zwischenmenschliche Beziehungen der Schlüssel zur richtigen Anerkennung sind. Auch in Hegels Fall müssen die Individuen gleichgestellt sein und sich gegenseitig die gleichen Verhaltensweisen entgegenbringen, sodass Anerkennung funktionieren kann. Also möchte ich auch hier meine Aussage wiederholen und sagen, dass Toleranz und Duldung

---

[4] Vgl. Quante, 2009, S. 99

[5] Holz, 1968, S. 10

[6] Vgl. Holz, 1968, S. 84

ungleich Respekt und Anerkennung sind. Wer eine andere Person nur duldet, wird sich das Wissen, welches diese Person über das Selbst des Duldenden hat, niemals annehmen und dieser kann somit kein wahres Selbstbewusstsein ausbilden.

## 2.3. Jürgen Habermas

Über viele Jahre hinweg standen die Theorien Fichtes und Hegels an der Spitze der Anerkennungstheoretischen Forschungen. Im Jahre 1968, griff Jürgen Habermas das Prinzip und die Theorie der Anerkennung erneut auf und kritisierte die Entwicklung, welche das Konzept Hegels bei Kant und Marx gemacht hatte. Karl Marx entwickelte aus Hegels Theorie eine Lehre des Materialismus, welche die Arbeitskraft der Menschen in den Fokus stellt und nicht sonderlich auf die menschliche Ebene einging[7]. Auch Immanuel Kants Theorien stellten für Habermas nicht die richtige Entwicklung der Hegelschen Lehren dar. Seiner Ansicht nach, ist ein Kerngedanke von Hegels Anerkennungstheorie die intersubjektiven Beziehungen, welche in Kants Lehren von keiner allzu großen Bedeutung sind[8]. Auf Basis dieser Kritik formulierte Habermas eine eigene Anerkennungstheorie ganz in der Tradition Hegels.

Das Konzept der Anerkennung in der Lehre Habermas, nimmt im Vergleich zu Fichte und Hegel keinen Bezug auf das Bewusstsein oder den Geist an sich. In Habermas Theorie geht es vornehmlich um eine sprachliche Ebene, welche die intersubjektiven Beziehungen zwischen freien und rationalen Akteuren bestimmt und für das Miteinander in einer Gesellschaft von hoher Wichtigkeit ist[9]. Habermas formuliert vier miteinander in Verbindung stehende Geltungsansprüche, welche für die Verständigung zwischen den Individuen unerlässlich ist. Diese lauten „Verständlichkeit, Wahrheit, Wahrhaftigkeit und Richtigkeit"[10] und beschreiben die Faktoren, welche in Gesprächen und Diskursen ausschlaggebend sind, ob die Aussagen anerkannt werden oder nicht. Als Bewertungsinstrument gelten hierbei „Normen und Werte"[11], welche allgemein akzeptiert und in der Gesellschaft verankert sein müssen, sodass sie für die richtige Bewertung verwendet werden können. Diese Theorie des benötigten Konsenses ist ebenfalls auf das Verhältnis zwischen verschiedenen Individuen in einem gemeinsamen System anwendbar. Die Akteure müssen sich einig sein, welche Dinge auf welche Weise behandelt

---

[7] Vgl. Baynes, 2020, S. 2

[8] Vgl. Baynes, 2020, S. 1

[9] Vgl. Baynes, 2020, S. 2

[10] Habermas, 1984, S. 355f

[11] Ebd.

werden sollen und wie in unterschiedlichen Situationen verfahren werden muss. Diese Regeln werden durch die gesetzgebende Gewalt in Einklang mit den Wünschen und Bedürfnissen der Bürger*innen festgelegt und ausgeführt.[12] Habermas ist außerdem der Ansicht, dass die individuelle Ausbildung der Identität eines Menschen nur durch intersubjektive Anerkennung zwischen den Individuen von statten gehen kann. Wichtig dabei ist, dass die Gesellschaft so offen wie möglich ist, sodass sich jeder Mensch in seinen ganz individuellen Eigenschaften bestätigt und anerkannt fühlt. Ein jeder sollte die Möglichkeit bekommen, seine Ziele zu verwirklichen und durch Anerkennung in einen „Zustand positiver Freiheit"[13] zu kommen.

Auch in den Ausführungen Habermas ist ganz klar von einer geöffneten Gesellschaft der Gleichberechtigung, Anerkennung und Chancengleichheit die Rede, welche sich insbesondere durch das Verstehen der Kultur des Gegenübers auszeichnet. Es geht auch hier nicht nur um stillschweigendes Hinnehmen und ertragen einer anderen Kultur, sondern alle Menschen müssen voneinander den gleichen Respekt und die gleichen Chancen entgegengebracht bekommen, sodass jeder die Möglichkeit hat, an sich selbst und an anderen wachsen zu können.

## 2.4. Axel Honneth

Axel Honneth gilt als Hauptvertreter der Anerkennungstheorie in der heutigen Zeit. Er schließt an die Gedanken Hegels und Habermas an und versucht die Denkansätze dieser Philosophen weiterzuführen, zu festigen und auszuformulieren. Für Honneth ist ein wichtiger Faktor der Entwicklung eines Menschen zu einem vollwertigen, freien und rationalen Individuum, in den intersubjektiven Beziehungen zu anderen Menschen beheimatet und drückt sich in den drei primären Formen der Anerkennung aus. Diese Formen sind Liebe, Rechte und Wertschätzung.[14] Die drei Faktoren sind wichtig bei dem Verständnis von Honneths Theorie der Anerkennung. Dementsprechend möchte ich die drei Formen im Folgenden gesondert beleuchten.

Als Erstes möchte ich mich mit dem Begriff der Liebe beschäftigen. Für Honneth ist die Liebe Ausdruck einer zwischenmenschlichen Beziehung zwischen zwei Menschen, welche sich sehr nahestehen. Als Beispiel könnte man die Eltern-Kind- oder eine Liebesbeziehung herbeiziehen und daran erkennen, welche wichtigen Aspekte der Charakterbildung durch die Liebe zwischen einzelnen Subjekten hervorgerufen werden. Dadurch, dass Menschen, welche sich lieben, sich gegenseitig Vertrauen, Halt und Weiteres schenken, werden viele Basisbedürfnisse des

---

[12] Vgl. Schmidt am Busch, 2020, S. 6

[13] Iser, Strecker, 2010, S. 12

[14] Vgl. Gleeson, 2020, S. 2

Menschen befriedigt. Die Befriedigung dieser Bedürfnisse fördert die Ausbildung von Grundvertrauen zu anderen Menschen und zu sich selbst. Die Liebe ist also ein unabdingbarer Bestandteil der positiven Selbstbildung, welche für ein gutes Leben, das das Gefühl von Anerkennung voraussetzt, benötigt wird[15].

Die zweite wichtige Form ist das Recht. Es handelt sich hierbei insbesondere um den politischen Status einer Person, innerhalb eines gesellschaftlichen Systems. Das zugesprochene Recht ist ausschlaggebend dafür, wie sich ein Mensch innerhalb des Systems fühlt. Werden ihm, genauso wie allen anderen, die gleichen Rechte zugesprochen und es wird den Menschen die Möglichkeit gegeben, am System mitzuarbeiten, zu gestalten und sich mitverantwortlich für die Lebensumstände zu fühlen, so erfährt dieser Mensch Anerkennung durch die Staatsgewalt. Für Honneth ist hierbei wichtig, dass keine Unterschiede zwischen den Menschen gemacht werden. Es sollte nicht so sein, dass eine Person weniger Rechte als die andere zugesprochen bekommt, da dies den sozialen Status dieser Person schmälert, sie vom Staat und von den Mitmenschen weniger Anerkennung erfahren und sich somit minderwertig fühlen. Dies führt dazu, dass die Selbstachtung sinkt und keine positive Charakterbildung mehr gewährleistet werden kann[16].

Die dritte Form der Anerkennung ist die Wertschätzung. Diese Form ist nicht wie die anderen beiden behandelten Dinge direkt von anderen gesteuert, sondern bei der sozialen Wertschätzung wird das Augenmerk auf die Handlungen der Individualperson gelegt. Der Mensch kann soziale Wertschätzung und damit verbundene Anerkennung seiner Mitbürger*innen durch Beiträge und Leistungen, welcher der Gesellschaft zuträglich sind, erfahren. Handelt eine Bürger*in also im Sinne der Gemeinschaft und trägt einen Teil zum allgemeinen Wohlergehen bei, so sollte sie dafür Wertschätzung und Anerkennung erfahren. Diese entgegengebrachten positiven Dinge, sind ein weiterer wichtiger Bestandteil der Ausbildung von Selbstwertgefühl, welches, wie bereits erwähnt, von großer Wichtigkeit bei der Ausbildung einer positiven Identität ist[17].

Alle diese Faktoren der Anerkennung sind unabdingbar dafür, dass ein Mensch zu einem vollwertigen Subjekt werden kann, welches innerlich intakt ist und nach außen hin die Möglichkeit

---

[15] Vgl. Gleeson, 2020, S. 2

[16] Vgl. Gleeson, 2020, S. 3

[17] Vgl. ebd.

besitzt, alle Dinge zu verwirklichen und auszudrücken, welche dem Individuum wichtig sind. Die drei Formen sind also Voraussetzung für ein erfülltes Leben.

Ist Honneths Theorie der Anerkennung also ein Beispiel dafür, dass Toleranz und Duldung keine adäquate Form des Miteinander darstellen? Meiner Ansicht nach, ist dies der Fall, aufgrund dessen, dass ein Mensch, welcher nur geduldet wird, auch weniger Möglichkeiten gegeben bekommt. Eine Person, welche nicht die gleichen Rechte von der Staatsgewalt zugesprochen bekommt, hat gar nicht die Möglichkeit, einen Beitrag zur Gesellschaft zu leisten und sich soziale Wertschätzung verdienen zu können und kann somit niemals ein vollwertiges Mitglied einer Gesellschaft werden. Ein geduldeter und nicht anerkannter Mensch, wird also nicht befähigt dazu sein, das gleiche Selbstwertgefühl innerhalb einer Gesellschaft aufzubauen und wird sich somit immer als Mensch zweiter Klasse fühlen. Er wird im Kreis seiner Mitmenschen keine Chance haben, sich selbst zu verwirklichen und dementsprechend ist auf Basis von Honneths Theorie, Toleranz und Duldung kein Konzept, welches es anzustreben gilt.

## 3. Was ist Toleranz?

Im Vorangegangen haben wir bereits anhand der einflussreichsten Anerkennungstheorien beobachten können, dass Anerkennung ein wichtiger Bestandteil des Gemeinschaftswesens und der individuellen Charakterbildung ist. Nun möchte ich die Frage behandeln, was Toleranz eigentlich ist und ob sie nicht mit Anerkennung gleichzusetzen ist. Weshalb ist in der Politik die Rede von Toleranz und nicht von Anerkennung?

### 3.1. Das Problem mit der Toleranz

Der Begriff Toleranz wird im politischen Verständnis gerne als eine gute und positive Eigenschaft angesehen, welche von den Bürger*innen und Politiker*innen verfolgt und durchgesetzt werden sollte. Weshalb liegt dann im Begriff der Toleranz ein folgenschweres Problem, welches das Konzept eigentlich zu etwas macht, was nicht erstrebenswert ist und durch andere Begrifflichkeiten ersetzt werden sollte? Um diesem Thema genauer auf den Grund gehen zu können, muss zunächst die Herkunft des Begriffes Toleranz genauer beleuchtet werden. Das Verb tolerieren stammt von dem lateinischen Wort „tolerare" ab, was soviel bedeutet wie „(er)dulden". Auch in der aktuellen Übersetzung bedeutet tolerieren nicht mehr als „dulden, zulassen, gelten lassen (obwohl es nicht den eigenen Vorstellungen o.Ä. entspricht)"[18]. Bei der Begriffsdefinition wird schnell ersichtlich, dass das Konzept des Tolerierens eigentlich keines

---

[18] Duden Online

ist, was Gleichstellung und Gleichbehandlung proklamiert, sondern es beschreibt, dass tolerierte Menschen, beziehungsweise Gruppen, nicht genügend Anerkennung und Respekt erfahren.

*„Sie ist also nicht gleich zusetzen mit Bejahung oder Indifferenz gegenüber den tolerierten Vorstellungen und Praktiken, sondern es handelt sich um einen ‚Konfliktbegriff'. Toleranz hat zudem Grenzen, auch wenn diese nicht immer eindeutig festgelegt sind. Anders ausgedrückt: Sie beruht stets auf Unterscheidungen; zwischen dem (höher bewerteten) Eigenen und dem zu tolerierenden (negativ konnotierten) Anderen, aber auch zwischen dem Tolerierbaren und dem Nicht-mehr-Tolerierbaren.“[19]*

Im Folgenden möchte ich mich genauer mit der Historie des Toleranzbegriffes beschäftigen und beschreiben, auf welche Weise sich die Politik vom Toleranzbegriff lösen könnte und durch das Verwenden anderer Begrifflichkeiten zu einer modernen und emanzipierten Politik kommen kann.

## 3.2. Die Historie der Toleranz

Wie bereits im Vorangegangen erklärt, stammt der Begriff des Tolerierens aus dem lateinischen und bedeutet soviel wie (Er)duldung. Zunächst muss die Entstehungsgeschichte der Toleranz im religiösen Sinne betrachtet werden.

Im alten römischen Reich gab es einen Toleranzbegriff, welcher nicht verhüllte, dass er ganz in Tradition seiner Begriffsbedeutung vollzogen werden sollte. Unterdrückte Völker durften ihre eigene Religion weiter ausleben und wurden toleriert, allerdings gab es dafür eine weitreichende Bedingung. Diese Völker mussten die göttliche Verehrung des Kaisers akzeptieren und als einigendes Glied der Gesellschaft ansehen. Taten sie das nicht, dann wurden sie nicht mehr toleriert und wurden verfolgt. Insbesondere Menschen, welche dem christlichen Glauben angehörten, weigerten sich, den Kaiser als Gott zu verehren und waren dementsprechend der Verfolgung ausgesetzt.

*„Mußte es wirklich zum Konflikt zwischen dem Evangelium und dem römischen Staat, zur Verfolgung der Christen kommen? Der Polytheismus der antiken Welt war von Grund aus tolerant, neue Götter konnten jederzeit aufgenommen werden und in den öffentlichen Kult eingehen. Selbst die Mysterien des Dionysos, der Isis, des Mithras haben ihre anfänglichen Schwierigkeiten überwunden und ihren Platz neben den Göttern*

---

[19] Niggemann, 2020, S. 590

*des Staates erhalten. Auch der Herrscherkult - die göttliche Verehrung der Kaiser – hat sich fast überall durchgesetzt; denn der Gedanke, daß der Mensch, der Gemeinschaft gründet und lebendig erhält, am schöpferischen göttlichen Geist teilhabe und allgemeine Verehrung verdiene, war den Griechen und Römern vertraut. So ist es denn der Glaube an den einen Gott, das strenge Gebot, keine fremden Götter anzubeten, was den Anstoß zur Christenverfolgung gegeben hat."[20]*

Dieser Umstand hat zur Folge, dass der Begriff der Toleranz ganz klare Schwächen aufweist, sollte er als gleichstellendes Prinzip in der Politik des 21. Jahrhunderts verwendet werden sollen.

Der Toleranzbegriff des Mittelalters weist ebenfalls einige Punkte auf, welche dafürsprechen, dass der Begriff der Toleranz nichts ist, was ihn als Leitbegriff der modernen Emanzipationsbewegung ausweisen sollte. Sieht man sich das Mittelalter auf Basis der Geschichtsbücher an, so fällt schwer zu glauben, dass es in dieser Zeit überhaupt so etwas wie einen Toleranzbegriff gegeben haben könnte. Die römisch-katholische Glaubensrichtung dieser Zeit und die damit verbundenen Gräueltaten im Namen der Religion, lassen nicht darauf schließen, dass die Menschen dieser Zeit sonderlich tolerant gegenüber anderen Kulturen und Religionen gewesen sein können. Als Beispiel für die schiere Intoleranz, wären die Kreuzzüge gegen muslimische Menschen, die Gewaltausschreitungen gegen Jüd*innen oder die generelle Gewalt, welche Menschen angetan wurde, welche gemeinhin als „Ketzer"[21] galten. Dennoch muss man über einen Toleranzbegriff in der Zeit des Mittelalters sprechen. Denn auch in dieser Zeit der Verfolgung und des gewaltsamen Missionierens gab es eine Form der Toleranz, welche sich zwar von unserem heutigen Verständnis unterscheidet, jedoch mit der gleichen Begrifflichkeit ausgedrückt wird und dementsprechend Beachtung verdient.

Der christliche Toleranzbegriff des Mittelalters wurde vornehmlich durch Augustin[22] geprägt und ausformuliert. Die Basis des Toleranzbegriffes ist in der Konzeption der christlichen Religion zu finden und besagt, dass das Fundament des Glaubens in der Liebe zu Gott liegt und dass diese Liebe nicht erzwungen werden kann. Die Christ*in ist also dazu angehalten, andere Kulturen und Religion zu erdulden und somit zu tolerieren.

---

[20] Vogt, 1967, S. 48

[21] Patschovsky, 1998, S. 391

[22] Oder auch Augustinus. Ein römischer Bischof und Kirchenlehrer dessen Schriften sehr bedeutsam für die behandelte Zeit waren.

Die christliche Toleranz „*meint also das Aushaltevermögen unter widrigen Umständen, die sozusagen 'stoische' Leidensfähigkeit des einzelnen als individuelle Tugend, christlich ausgedrückt mit den Worten des Apostels Paulus: Caritas omnia tolerat[23]). Daraus ließe sich folgern, daß zur Verwirklichung einer wahrhaft christlichen Existenz auch eine gehörige Portion »Toleranz« gehört, freilich nicht im Sinne irenischer Zuneigung, sondern im Erdulden können einer Qual - Herr Wieland sprach vom Zumutungscharakter - gemäß der anthropologischen Grundkonstante menschlicher Existenz als Pilger im Jammertal dieser Erde, heimgesucht von Versuchungen, die alles Heil nur im Stoßseufzer an Gott suchen lassen: »Erlöse uns von dem Bösen!)« Böses also braucht der Christ zum Seligwerden!*"[24]

Die christliche Toleranz ist also kein Konzept des gegenseitigen Akzeptierens oder Verstehens. Sie besagt vielmehr, dass das Gedankengut anderer als Böse einzustufen ist, man jedoch als gute Christ*in dazu angehalten ist, dieses Böse auszuhalten und zu ertragen. Dass diese Ausführungen eines Toleranzbegriffes selbstverständlich nicht zu den Handlungen der Vertreter*innen des christlichen Glaubens dieser Zeit passen, ist nicht von der Hand zu weisen. Dennoch muss darüber gesprochen werden, dass dieses Konzept grundlegend war, auch wenn es in vielen Belangen nicht eingehalten wurde. Es ist bezeichnend dafür, welche Grundbedeutung und Historie der Begriff der Toleranz in der Geschichte Europas hat und ist ein weiteres Indiz dafür, dass ein Konzept, welches aus solchem Gedankengut entspringt, kein Konzept der Gegenwart und der Zukunft darstellen sollte.

Die wahre Religionsfreiheit, welche nach sich zog, dass die Toleranz über ein bloßes Konzept der Duldung hinausging, war erst in der Neuzeit ein Thema. Es war jedoch auch in der Neuzeit ein langanhaltender Prozess bis zur größtenteils uneingeschränkten Religionsfreiheit. Es würde den Rahmen dieser Arbeit sprengen, sollte ich versuchen wollen, alle Stationen auf dem Weg zur Religionsfreiheit einzeln zu beleuchten. In aller Kürze kann man den Weg, welchen die Toleranz durch die Neuzeit gemacht hat, dadurch beschreiben, dass es primär um die Trennung von Kirche und Staat und eine daran geknüpfte Religionsfreiheit geht. Die Menschen konnten im Laufe der Aufklärung an einen Punkt kommen, an welchem sie, juristisch gesehen, glauben konnten, was sie wollten. Dass die politische Toleranz und Religionsfreiheit kein Startschuss für das allgemeingültige Ende der Anfeindung aufgrund von Herkunft und Glaube war, stellt

---

[23] Aus dem lateinischen: Liebe übersteht alles
[24] Patschovsky, 1998, S. 392

sich nicht als große Überraschung heraus und dennoch war es ein wichtiger Schritt zu einer Welt, in welcher sich Menschen keine Sorgen mehr machen müssen, dass sie aufgrund ihrer Gesinnung oder ihres Glaubens politisch verfolgt werden. Doch auch das Erreichen politischer Religionsfreiheit und damit verbundene Toleranz, ist meiner Ansicht nach nicht der abschließende Schritt einer gleichberechtigten Gesellschaft. Bezeichnend hierfür, ist ein Zitat von Goethe, welcher schon in seinem Werk Maximen und Reflexionen, den Gedanken unterschrieb, dass alleinig Toleranz nicht ausreichend ist:

> *„Toleranz sollte eigentlich nur eine vorübergehende Gesinnung sein: sie muß zur Anerkennung führen. Dulden heißt beleidigen. Die wahre Liberalität ist Anerkennung. "*[25]

## 4. Toleranz versus Anerkennung

Im Vorangegangenen habe ich anhand der vorherrschenden Anerkennungstheorien und einem geschichtlichen Exkurs in die Historie der Toleranz aufgezeigt, weshalb die Begrifflichkeit der Toleranz kontraproduktiv zu dem Ziel ist, welches von der Politik und von der Gesellschaft verfolgt werden sollte. Der Begriff der Toleranz ist per Definition nicht als Leitmotiv geeignet und sollte durch eine Politik und Disposition der Anerkennung ersetzt werden. Doch haben alle Menschen die gleiche Anerkennung verdient? Wer legt fest, wer welche Form der Anerkennung verdient hat? Diese Fragen möchte ich im Folgenden auf Basis des Vorangegangenen klären.

### 4.1. Rassistisches Gedankengut in einer Gesellschaft der Meinungsfreiheit

Ist es nicht widersprüchlich zu behaupten, dass in einem Land, in welchem die Meinungsfreiheit gilt und dennoch einige Menschen aufgrund ihrer Meinung vom sozialen wie politischen Leben ausgeschlossen werden? Ausgrenzung aufgrund einer Ideologie, ist doch genau das, was am Toleranzbegriff bemängelt wurde und was durch eine Politik der Anerkennung überworfen werden sollte. Möchte ich nun also die Meinung vertreten, dass Menschen, welche Rassismus und weitere Hassbotschaften vermitteln, von anderen Menschen anerkannt werden und, dass ein jeder Mensch deren Ideologie verstehen, akzeptieren und bestenfalls sogar in die eigene Ideologie mit aufnehmen sollte? Das könnte man selbstverständlich aus dem Vorangegangenen schließen und es wäre nur konsequent, diesen Weg durchsetzen zu wollen. Jedoch gibt es einen Unterschied zwischen der Gesinnung eines rassistischen Menschen und beispielsweise der Kultur eines muslimischen Menschen. Diese Unterscheidung lässt sich meiner Ansicht nach recht leicht auf einen entscheidenden Faktor herunterbrechen, welcher bei der Beurteilung davon,

---

[25] Goethe, 1907, S. 104

wie man anderen Menschen begegnen sollte, eine große Hilfe ist. Ist die gegenüberstehende Person in Begriff dazu, einer anderen Person, aufgrund von Herkunft oder anderen Eigenschaften dieser Person, welche das Wohlbefinden der Menschen um sie herum in keiner Weise einschränkt oder gefährdet, zu verurteilen und ihr die Anerkennung und den Respekt abzusprechen, dann hat dieser Mensch kein Recht mehr auf entgegengebrachte Anerkennung.

Doch ist dieses Verfahren mit der Meinungsfreiheit vereinbar? Zu beurteilen, welche Menschen anerkannt werden sollten und welche nicht ist ein schmaler Grat. Der Schlüssel dazu, sind die Folgen der geäußerten Meinung. Verhält es sich so, dass eine Meinung gebildet, geäußert und verbreitet wird, dann fällt sie unter die Meinungsfreiheit[26] und man sollte den Menschen nicht den Respekt entziehen. Das große Problem, welches aus rechtsextremer Meinungsbildung meist als Folge zu verzeichnen ist, ist die Einschränkung der Unversehrtheit anderer Menschen. Personen, welche einer kulturellen Minderheit angehören, werden von Personen, welche rechtsextremes Gedankengut vorweisen, durch die Verbreitung ihrer Meinung ausgegrenzt und benachteiligt. Nach Artikel 3.3 des Grundgesetzes ist dies rechtswidrig und somit nicht mehr von der Meinungsfreiheit abgedeckt.

## 5. Fazit

Abschließend möchte ich die Frage des Anfangs ein weiteres Mal aufgreifen und fragen, ob die Toleranz ein geeignetes Konzept zum Aufbau einer Politik der Emanzipation und der Weltoffenheit darstellt? Auf Basis des Vorangegangenen, möchte ich diese Frage ganz klar mit Nein beantworten und sagen, dass die Toleranz durch Anerkennung zu ersetzen ist. Man kann natürlich sagen, dass sich der Begriff der Toleranz über die Jahre verändert hat und, dass die heutige Bedeutung nicht mehr als „Erlaubnis-Konzeption"[27], sondern als „Respekt-Konzeption"[28] zu verstehen ist. Dennoch würde ich sagen, dass alleine in der Grunddefinition des Begriffes eine solch große Verfehlung der Sache liegt, dass dieser Begriff schlichtweg ungeeignet ist.

Fassen wir noch einmal kurz das Gesagte zusammen. Die Theorie von Fichte basiert auf einer Konzeption des Rechts, das Anerkennung nach sich zieht und welches Menschen sich gegenseitig verleihen. Diese gewährten Rechte sind ausschlaggebend für den sozialen Status und die Möglichkeiten, welche eine Person hat und sind somit maßgeblich an der

---

[26] Vgl. GG Art. 5

[27] Forst, 2011, S. 4

[28] Forst, 2011, S. 9

Persönlichkeitsbildung der besagten Person beteiligt. Ein wichtiger Aspekt in Fichtes Ausführungen, ist der Faktor, dass explizit davon gesprochen wird, dass man eigene Freiheitsrechte aufgeben muss, um anderen ebendiese ermöglichen zu können. Dies wirkt zwar in erster Instanz recht einseitig, aber macht man sich gewahr, dass es hier nicht um das Verhältnis von zwei Einzelpersonen handelt, sondern um die intersubjektiven Beziehungen einer gesamten Gesellschaft. Sieht man es so, dann wird klar, dass man die aufgegebenen Rechte von anderer Seite wieder zurückbekommt.

Hegels Theorie schlägt insoweit in eine ähnliche Kerbe, als dass er ebenfalls sagt, dass Menschen nur durch intersubjektive Beziehungen und gegenseitiges Anerkennen zu sich selbst finden können. Er hält sich jedoch einigermaßen fern von der Rechtspolitischen Ebene und konzentriert sich auf den Geist des Menschen. Seiner Theorie nach, können Menschen erst durch das Verhältnis mit anderen Menschen von einem Bewusstsein zu echtem Selbstbewusstsein gelangen. Dies erklärt er dadurch, dass der Mensch erst durch extrinsisches Lernen, Wissen über die Dinge in der Welt anhäufen kann und sie erst dadurch in ihrer vollen Gänze erkennen kann. So verhält es sich auch mit dem eigenen Selbst. Ohne Informationen, welche man von anderen Menschen über sich selbst erhält, kann man nicht fähig sein, sich selbst in vollem Maße zu erkennen. Auch bei Hegel ist der Schlüssel zum guten Miteinander also die gleichberechtige Anerkennung, welche nicht nur für die anderen Menschen gut ist, sondern auch für einen selbst unabdingbar ist.

Als späterer Vertreter der Anerkennungstheorien ist Habermas zu nennen. Er entwickelte seine Theorie der Anerkennung aufbauend auf einer Kritik an der Interpretation Hegels durch Kant und Marx. Er führte die Theorie von Hegel auf Basis seiner Diskursethik weiter und macht außerdem klar, dass die Verhältnisse der Menschen und die Art, wie sich ebendiese begegnen, ausschlaggebend für die Entwicklung einer Gesellschaft und die der Individualperson ist.

Honneth ist der aktuellste Vertreter der Anerkennungstheorie und verbindet die vorangegangenen Konzepte zu einem eigenen, welches sich dadurch auszeichnet, dass hier die Geistesebene, sowie die Rechtsebene thematisiert wird.

Alle diese Philosophen haben miteinander gemein, dass sie der Ansicht sind, dass sich eine Gesellschaft und die in ihr lebenden Bürger*innen nur durch gleiche Chancen, gleiche Rechte und gegenseitigem Respekt gut entwickeln können.

Um meine These zu untermauern, habe ich mich anschließend mit der Definition und der Historie der Toleranz beschäftigt, um genauer beschreiben zu können, weshalb diese Begrifflichkeit die Falsche ist. Ich habe herausgearbeitet, dass alleine die Begriffsdefinition schon ausschlaggebend dafür ist, dass es ein neues Leitkonzept geben sollte. Per Definition bedeutet Toleranz soviel wie (Er)dulden und ist dementsprechend negativ behaftet. Auch die Geschichte zeigt, dass Toleranz immer etwas mit Unterdrückung, einem Gefälle zwischen Mehrheit und Minderheit oder anderer negativer Einflüsse zu tun gehabt hat.

Abschließend ist zu sagen, dass sich der Begriff der Toleranz als nicht mehr zeitgemäß herausgestellt hat und, dass wir, insofern wir zu einer bedingungslos gleichgestellten Gesellschaft kommen wollen, uns mehr mit dem Begriff und dem Konzept der Anerkennung auseinandersetzen sollten, sodass wir zu einer Gesellschaft werden können, welche von Respekt und nicht von Duldung beherrscht wird.

## Literaturverzeichnis

- „tolerieren" auf Duden Online. URL: https://www.duden.de/rechtschreibung/tolerieren (Abrufdatum: 24.10.21)
- Baynes, Kenneth (2020): *„Jürgen Habermas"* In Handbuch Anerkennung hrsg. Von Siep, Ludwig, Ikäheimo, Heikki und Quante Michaek, Wiesbaden: Springer Fachmedien, 2020
- Bernstein, Jay M. (2009): *„Anerkennung und Verleiblichung – Überlegungen zu Fichtes Materialismus"* in Anerkennung hrsg. Von Schmidt am Busch, Hans-Christoph und Zurn, Christopher F., Berlin: Akademie Verlag, 2009
- Forst, Rainer (2011): *„ 'Dulden heißt beleidigen' – Toleranz, Anerkennung und Emanzipation"* in Kritik der Rechtfertigungsverhältnisse von Forst, Rainer, Berlin: Suhrkamp, 2011
- Gleeson, Loughlin (2020): *„Axel Honneth's Recognition-Model"* In Handbuch Anerkennung hrsg. Von Siep, Ludwig, Ikäheimo, Heikki und Quante Michaek, Wiesbaden: Springer Fachmedien, 2020
- Habermas, Jürgen (1984): *„Vorstudien und Ergänzungen zur Theorie des kommunikativen Handelns"*, Frankfurt a.M.: Suhrkamp, 1984
- Holz, Hans Heinz (1968): *„Herr und Knecht bei Leibniz und Hegel – Zur Interpretation der Klassengesellschaft"*, Neuwied und Berlin: Herrmann Luchterhand Verlag, 1968
- Honneth, Axel (1959): *„Das Ich im Wir – Studien zur Anerkennungstheorie"*, Berlin: Suhrkamp, 2010
- Iser, Matthias, Strecker, David (2010): *„Jürgen Habermas zur Einführung"*, Hamburg: Junius Verlag GmbH, 2010
- Kersting, Wolfgang (2016): *„Die Unabhängigkeit des Rechts von der Moral (Einleitung) – Fichtes Rechtsbegründung und „die gewöhnliche Weise, das Naturrecht zu behandeln""* in Johann Gottlieb Fichte: Grundlagen des Naturrechts hrsg. Von Merle, Jean-Christoph, Berlin: DeGruyter, 2016
- Niggemann, Ulrich (2020): *„Toleranz"* in Handbuch Frieden im Europa der Frühen Neuzeit hrsg. Von Dingel, Irene, Rohrschneider, Michael, Schmidt-Voges, Inken, Westphal, Siegrid und Whaley, Joachim, München: DeGruyter Oldenbourg, 2020
- Patschovsky, Alexander (1998): *„Toleranz im Mittelalter – Idee und Wirklichkeit"* in Toleranz im Mittelalter hrsg. Von Patschovsky, Alexander und Zimmermann, Harald, Sigmaringen: Jan Thorbecke Verlag GmbH & Co, 1998

- Quante, Michael (2009): *„Der reine Begriff des Anerkennens – Überlegungen ur Grammatik der Anerkennungsrelation in Hegels Phänomenologie des Geistes"* in Anerkennung hrsg. Von Schmidt am Busch, Hans-Christoph und Zurn, Christopher F., Berlin: Akademie Verlag, 2009
- Schmidt am Busch, Hans-Christoph (2020): *„Anerkennung in der Kritischen Theorie"* In Handbuch Anerkennung hrsg. Von Siep, Ludwig, Ikäheimo, Heikki und Quante Michaek, Wiesbaden: Springer Fachmedien, 2020
- Vogt, Joseph (1976): *„Christenverfolgung im antiken Rom"* in Antike Welt, 1976, Vol. 7, Nr. 4, Darmstadt: Wissenschaftliche Bildungsgemeinschaft (WBG), 1976
- Von Goethe, Johann Wolfang (1907): *„Maximen und Reflexionen"* in Berliner Ausgabe, 2013 hrsg. Von Holzinger, Michael, North Charleston (USA): Create Space Independent Publishing Platform, 2013